빈 배를 느끼다

문장시인선 029 김성수 시집

빈 배를 느끼다

인쇄 | 2025년 2월 5일
발행 | 2025년 2월 10일

글쓴이 | 김성수
펴낸이 | 장호병
펴낸곳 | 북랜드
　　　　04556 서울 중구 퇴계로41가길11-6, JHS빌딩 501호
　　　　41965 대구시 중구 명륜로12길 64(남산동)
　　　　대표전화 (02)732-4574, (053)252-9114
　　　　팩시밀리 (02)734-4574, (053)252-9334
　　　　등록일 | 1999년 11월 11일
　　　　등록번호 | 제13-615호
　　　　홈페이지 | www.bookland.co.kr
　　　　이-메일 | bookland@hanmail.net

책임편집 | 김인옥
기　　획 | 전은경
교　　열 | 서정랑

ⓒ 김성수, 2025, Printed in Korea
저자와의 협의하에 인지를 생략합니다.

ISBN 979-11-7155-108-8 03810
ISBN 979-11-7155-109-5 05810 (e-book)

값 10,000원

문장시인선 29
빈 배를 느끼다

김성수 시집

북랜드

시인의 말

이제 가볍고 편안하다
가까운 곳에 눈길이 가고
따뜻한 눈빛으로
자세히 보게 된다
때로는 선명해서
스스로 놀라기도 한다

새가 울어 고개 들어
먼 산을 바라보면
보이지 않던 길도
서서히 드러난다

가본 길 가보지 않은 길
가보고 싶었지만 못 가본 길이
문을 열고 있다

마음 가는 길섶에
앙증맞고 진한 꽃이
피었으면 좋겠다

차례

시인의 말 • 5

1 꽃밭에서 나를 보다

하늘 구슬 • 12
바람의 외도外道 • 14
달항아리 • 16
병아리콩 눈뜨다 • 17
빈 배를 느끼다 • 18
윤슬 • 20
소의 눈 • 21
시詩를 생각하다 • 22
해바라기 • 23
부러진 오벨리스크 • 24
연분홍 손톱 반달 • 26
난초꽃 • 27
맨드라미 • 28
꽃밭에서 나를 보다 • 30
거장巨匠의 머리카락 • 32

2 산수유 첫 꽃

나도 그렇다 · 34
불맛 · 35
진달래 바위 · 36
산수유 첫 꽃 · 38
예지몽豫知夢 · 39
어부에서 배우다 · 40
풀이 화병에 꽂히다 · 42
서릿발 · 43
그랜드캐니언 대평원 · 44
때로는 잉어처럼 · 46
로댕의 여인 · 48
항상성恒常性 · 49
뒤집어본 석양 · 50
아카시아 향기 · 51
매몰에서 몰입으로 · 52

3 낙타의 눈물

세상世上 • 54
골다공증 극복 • 56
과잉보호 • 57
임서기의 호수 • 58
참사랑 팥꽃 • 60
웃지 않는 여인 • 62
웃지 않는 여인·2 • 64
주왕산 사과 • 65
돌할매 꽃 • 66
말라버린 눈물 • 67
당직 날 • 68
자가 격리 • 70
대장바위 • 72
낙타의 눈물 • 73
중화中和 • 74

4 영원한 단풍으로 남다

    설산雪山 • 76
    모정·4 • 77
    뇌성마비 • 78
    텅 빈 울음 • 79
    바람의 인덕에서 • 80
    금빛 도약 • 82
    삼월의 바람 • 83
    무화과 가지 끝에서 • 84
    파란 욕망 • 86
    영원한 단풍으로 남다 • 87
    오고 가는 바람 속에서 • 88
    치유 • 90
    겨울 장미 • 91
    권총 찬 사내 • 92
    보라 꽃 • 94

| 해설 | 일상과 초월의 몽상적 넘나듦
    신상조 • 95

1
꽃밭에서 나를 보다

하늘 구슬

조개가 구슬을 품으면 진주가 되고
용이 붉은 구슬을 물면 불을 뿜는다

내 주머니 속 구슬 몇 알
하늘이 내어준 유리구슬

스민 바람에 구르다가
햇살이 간질이면 반짝이고
그리움이 어깨를 기대어 서로
등을 두드리면 노래가 된다

부딪친 생채기가 서러운 비에 젖어
엷게 금이 가도
우울의 모퉁이에 우두커니 서서
상처의 옹이는 시詩가 된다

하늘의 도덕률은 깊고 두터워
겸손의 고개 숙이면
바스라지거나 늪의 함몰은 없다

바라건대
영롱하지 않아도 좋다 거칠게 마모돼도
은은한 비췻빛으로 사랑을 꽃피우고
살아있음에 두 손 모으기를

바람의 외도外道

어깨에 바람이 들어간 날
반상*盤床의 돌들은 제 갈 길을 잃었다

불현듯 스치는 그 옛날 무 맛
바람이 침투한 푸석한 그 자리에
부슬비는 소리 없이 젖어 들고

늦게 빠진 커피 맛에 이끌려
멍하니 바라본 창밖
바람에 휩쓸린 비닐 인간이
팽팽하게 부풀린 사지 육신을 흔들고 있다

혈로血路를 뚫지 못하는
갇힌 바람의 사투는 안쓰럽다

그물에 걸리지 않는 바람**
마침내 바람에 떠밀린 바람은
배를 드러내고 누워버린다

그래 바람도 지치면 쓰러지는가

길 잃은 바람이 하릴없이
비에 젖고 있다

  * 바둑판 위
  ** 그물에 걸리지 않는 바람 : 숫타니파타

달항아리

태초太初에
상현달과 하현달이 입술을 포개
돌고 돌아
불을 머금은 환생의
매끄러운 그곳에서
채울수록 명멸明滅하는 별들
더불어 쓰러지는 이백李白의 술
그림자조차 없이
텅 빈 가지 맨 끝 어렵사리
피워올린 연분홍 꽃송이
그윽한 비취색 향기에
깊숙이 스며드는 달빛
아련한 그리움에
어둠을 뒤척이고 있다

병아리콩 눈뜨다

어느 날 아내의 눈웃음이 건넨 수프
상큼하고 고소하다

젖어 부푼 몸이 빛의 속도로 돌리고
칼날에 산산이 부서져
노랑 부리마저 바스라져도
오롯이 남은 혼의 맛

처음 보는 맛에 내 눈빛은 머뭇거리고
허물어지는 집착과 맛의 편견

구수한 어머니의 메주콩이 허물을 벗고
아내의 병아리콩 미소가
사뿐히 치마 깃을 여미고 걸어 나온다

동시에 슬며시 차오르는 미안함은
그 대상을 찾지 못하고

빈 배를 느끼다

바람이 시간과 무수한 충돌로 빚은 꽃
그 호수에 엷게 흔들리는 텅 빈 배
향기 없는 영원한 무채색
이름 없는 꽃으로 뜨다

돛대도 삿대도 없이
사공은 간데없고
달빛만 가득하다

잔잔한 물결을 밟으며
어쩌다 부딪쳐도
아무도 탓하지 않는다

눈 덮인 빈산에 시를 묻고
중천에 박힌 별 하나 끌어당겨
붉은 술 나누니 애끓는 바람 소리
오히려 정겨워

〉
눈안개 헤치는 긴 꼬리 파랑새
파르르 날아올라 노을에 붉게 물든
이 가슴에 꽂히다

윤슬

보라 제비꽃을 분주하게 오가던 벌
날개깃 적신 풀잎의 새벽이슬

꽃가루 흩날리며
떠오른 햇살 따라 승천하니

검은 허공에 샛별로 박혔다가
우레에 쓸리면 깊은 산 호수는
별빛 녹은 물로 푸른 충만이다

아직도 별은 끝없이 침잠沈潛하고
콧날을 간질이는 생경한 바람에
가늘게 흔들리는 호수의 민낯

살포시 내려앉은 햇살에
반짝이며 부활하는 별빛
한없이 부서지고 있다

소의 눈

외로운 촌로村老의 벗으로
방울 소리 따라 평생의 밭을 갈다
육신은 스며들어 더운 피 되고
남겨진 껍질은 포근한 사랑으로
온몸을 휘감고 있다
마지막 발톱마저 푹 고아져
보시布施하는
소의 깊은 샘 눈 속에는
슬픈 어머니가 있다

저편 엄마의 샛강에서는
모천에 알을 쏟아붓고 지쳐
바닥을 뒹구는 연어의 해진 몸을
붉은 새우들이 핥고
새 생명을 뒤로하고 허연 배를 뒤집고
수면 위를 부유하는 은어를
어디선가 새 한 마리 날아와
휙 채가고 있다

시詩를 생각하다

만약에 내 고독에 테두리가 있다면
그건 아마도 둥글고 긴 타원일 거야

적막寂寞의 모서리가
바늘 끝보다 예리해져서

흙탕물에 눈먼 수달이
날카로운 수염으로
생명의 불꽃을 피워내듯이

깊게 길어 올린 시어詩語들을
영혼의 샘물에 담가
중화*中和를 일궈낸다면
비로소 충만일지니
이 아니 행복인가

 * 서로 다른 무엇이 섞여 조화를 이룬 상태

해바라기

온종일 해만 바라보는 몽골 초원의 아이
해산解産한 엄마 가슴을 파고드는
세상 향한 울부짖음도
유목의 어둠 속에서도
늘 그리운 양수羊水내음

빙글 돌아가는 반짝이가
자아올린 옹알이가
바람에 깎이고 쓸려
등짝이 땅을 짊어실 때까지
잊어본 적 없던 품

붉은 해가 서산에 걸리고
모천을 회귀하는 연어로
언젠가는 되돌아갈 언덕의 꽃
태양에서 튕겨 나간 흑점의 꽃잎들
뜨겁게 이글거리는 노란 향수鄕愁

부러진 오벨리스크*
-로스코 채플 미술관에서

어둠 속에서 암흑을 보다
너와 나가 사라진 여기
새는 날아가 버리고
깃털 한 조각마저 보이지 않는 곳
사벽에 갇혀 오직
먼 침묵의 소리에 귀 기울여

저 깊은 데서 자아낸 생명의 꽃송이를
두 손에 모아 하늘의 마음이 사뿐히
내려앉아 품어주니

암흑의 모서리는 기적처럼
빛 한 줄기 흐르고
엄청난 쇳덩이 두 개가
바늘 끝으로 만나
푸른 햇살 뜰 가운데
하나로 우뚝 서서
거친 바람에도 꿋꿋이
물속을 비추고 있다

* 부러진 오벨리스크 : 1971 마틴 루터킹 목사가 암살
  당하자 이를 추념하기 위해 만든 로스코 채플 뜰 앞에
  세워진 조립된 두 개의 역삼각형이 맞닿은 철탑

연분홍 손톱 반달

불타던 태양이 어둠으로 잉태한 반달
마음이 바다에 누우면
언제나 그 자리에 떠오르는
가녀린 긴 손가락 연분홍 손톱 반달

아픔이 찢어지고 슬픔이 무너져도
표정 없는 얼굴에 일렁이는 잔물결
외로움과 그리움이 마모된
벼랑 끝에서 오로지
바람으로 어디로 스민 것일까

멍하니 바라보는 구름 파고드는 새
산마루 넘나드는 아카시아 향에 취해
글썽이는 별빛으로 아득해진다

꽉 막힌 가슴은 애틋하고 먹먹한데
당신은 뜨거운 사막 하늘에
차디찬 반달로 떠 있네

난초꽃

소나무에 기대어 선 채로
열반에 든 수월*水月

그 자리에 피어난 꽃
흐르는 달이 되었다

강을 거슬러 산골 달빛 서생의
붓끝에 방울방울 맺혀
촛불 아래 소매 깃이 가늘게 흔들릴 때
터져 나오는 꽃망울

외로운 이의 사랑으로
고개 숙인 그리움에
깨어나는 꽃

마른 자갈에 발을 담그고
햇살 한 모금 머금어
가난한 가슴속에
함초롬히 피고 있다

  * 경허의 삼월三月 제자 중 맏스님

맨드라미

아카시아 향기 사라진 산마루에
훤칠한 장닭으로 우뚝 붉었다
우리에 갇힌 아랫마을 암탉들이
수없이 무정란을 쏟아내지만
한 번도 울어본 새벽은 없다
자욱한 안개가 암내를 몰고 와도
미동 없는 붉은 이슬은 더욱 또렷하다

허물어진 둥지 위를 떠돌던 까치의
가슴 시린 자리에 발끝에서 이마까지
온몸을 붉히는 지독한 집착
그리고 검붉은 피

여인의 어리석은 집착으로 사랑이 무너져도
붉은 목 꼿꼿이 세워
뭉툭한 손과 일그러진 얼굴의
따뜻한 심장으로 지나온 나날

한여름 우박에 모가지가 꺾이고
퍼붓는 소나기에 온몸이 쓸려도

아픈 미련은 없다

마른 밀알이 바람에 실려
어느 시인의 처마 밑에 가만히 깃들어
이듬해 그의 뜰에 다시 오리니

꽃밭에서 나를 보다

밤새 두더지가 파놓은 땅굴 옆
달개비 이슬이 아침을 열다
햇살의 발아래 걸치는 채송화
땅을 흐르는 파란 나팔꽃
맨드라미 이마가 붉다
눈물마냥 넓은 토란잎에 고인 물방울
짠한 그리움을 소환하고
환한 접시꽃 건너편 백일홍과
붉게 화답하고 있다
횃대에 걸친 누런 씨받이 오이가
머리 숙여 밀어 올린 수세미 넝쿨
노란 꽃이 계단을 기어올라
여인의 창문을 기웃거린다

아스라이 떠오르는 그날의 꽃밭
붉고 푸른 꽃들이 해마다 피고 지고
강아지풀 하늘거리는 어디쯤
다소곳이 허리 굽은 향나무
아직도 그 향을 품고 있을까
아쉬워 그냥 둔 고사枯死목에

능소화 줄기 휘감고 있다

비 개인 어느 오후
말린 수세미로 마음을 씻고
능소화꽃 속에 새겨진 금별을
솎아내어 시를 쓰리라

거장巨匠의 머리카락

혼이 맺힌 피리 가락에 달빛은 슬프고
은둔 천재의 번득임에 산과 들이 경탄하니
지나가던 나그네의 툭 던진 울림으로
내려앉는 별

이들은 모두 어디서 오는 바람인가
머릿속을 거닐다가 가슴에서 머무르고 싶은 그들

회색 구름 낮게 깔린 바닷가 언덕
파도는 쉬지 않고 바위를 깨우고
이따금 눈길 머무는 바람길에
우뚝한 콧날 거인의 각진 얼굴은 굳어있다
반으로 잘린 두개골은 흙이 채워지고
더러는 강아지풀 나풀대는 언저리
소복한 백발 억새의 하늘거림 같은 것

2
산수유 첫 꽃

나도 그렇다

바람의 진료실에 당도한 여든 할매
뜬금없이 외롭다는 눈빛이 총총하다

어느 순간 시간 속에 던져진 알 수 없는 생명
아득한 시간이 흐르고 흘러 여기까지

가져도 아니어도 마찬가지
함께해도 홀로여도 여전한 외로움

열정이 식어가면서 서서히 피부로 느끼는
내면의 소리는 점점 또렷해지고

짙게 깔리는 어둠살에 박히는 금빛 노을
회상의 긴 강을 서성이는 하얀 그믐달

나는 힘없이 그녀의 여윈 손을 잡고
허공을 펄럭이는 새 한 마리 바라볼 뿐
뾰족한 처방을 내지 못한다

불맛

온종일 두꺼운 책 속에 눈알을 묻고

인문의 깊은 강을 거슬러 올라

눈 덮인 정상에서

철학의 불새 되어 하늘을 쏘다가

종교의 둥지에서 성찰의 알을 품은

뜨거운 가슴이 이끄는 대로

달빛 아래 샛별과 하나 되어

달리고 달려 어느덧

더운 비에 흠뻑 젖을 무렵

살얼음 떠도는 할매맥주

원 샷으로 완성되는 그 맛

진달래 바위

바람에 깎이고 빗물에 해진 얼굴
촘촘한 이끼가 더욱 파리해졌다

어깨에 살포시 내려앉은 작은 새
까닥이는 꼬리가 정적을 허물다

수억 년을 버틴 침묵의 나날
애절한 이별의 아픔도
물끄러미 바라보고

두 손 모은 촛불 여인의
간절함에 고개 들어
흰 구름 한 조각 넌지시
가리키고 있다

외로움이 마모된 그곳에서
새는 날아오르고 텅 빈 가슴

조개껍질 화석 품은 불 태생의
그리움이 뜨겁게 타오를수록

짙게 뿜어내는 객혈

온 산을 물들이는
붉은 봄의 가슴앓이

산수유 첫 꽃

새들이 떠난 쌍 까치집 고목 아래
갓 피어난 산수유꽃 한 다발
아직도 청룡의 옆구리에
노랗게 박힌
겨울 그림자 조각

바람에 하늘거리는 풀잎
파릇한 창가에서
동백 꽃망울 어루만지는
햇살 쥐고 졸다가

동백 지는 소리에
문득 고개 드니
백호의 이마에서
하얗게 웃는 벚꽃

아뿔싸!
무심코 스쳐버린 또 한 해

예지몽 豫知夢

동네 어귀 정자나무 거목 뿌리가
두텁고 깊은 천년의 장맛을 찾아서
끝없이 뻗어가는 염원

예리한 칼날 위를 거닐어도
하늘 향해 무수히 가지 뻗는
잎새의 희망

길고 긴 타원을 빙빙 돌고 흐르다가
은하에서 만나 불꽃을 튀기면

무의식의 심연에서
서서히 떠오르는
산 자와 죽은 자의 얼굴이
뒤섞이고

시간도 공간도 선과 악이 없는
흔들리는 모서리에

나는 우두커니 서 있다

어부에서 배우다

그는 검은 바다로 가고
아내는 두 손 모아 기원한다
잔잔한 물살에 만선의 기쁨을

혼신의 힘으로 던진 그물에
그날에 깃든 물고기가 많든 적든
개의치 아니한다

때로는 가슴에 풍랑이 일어
격정에 범람하지만
바다는 너그럽고 공정하므로
기대에 못 미쳐도 실망은 없다

그의 바람은 늘 소박하다
바다가 내어주는 대로
오늘 아니면 내일 그리고 또 내일

평생을 바다에 던지고 노을 속으로
귀항하는 표정은 온화하다

기다리는 가족의 그리움에 설레며
신에게 감사의 종을 울린다

풀이 화병에 꽂히다

크리스털에 잠긴 장미는
검붉은 외로움이다

화려한 향기는
꺾이고 잘린 아픔의
얼룩진 눈물이다

우연히 눈길이 간
화병의 풀 몇 조각
새우 눈처럼 반짝이는
앙증맞은 노란 꽃

모처럼 아내의 선택에
빈 가지는 푸른 물 차오르고
삐죽이는 달
서서히 둥글어진다

서릿발

이른 아침 신천 왜가리들
소복이 모여 조찬 회동이다
강섶은 온통 얼음꽃으로
뽀얗다

한여름 오만의 어깨를 치는
싸늘한 죽비가 되고
누렇게 말라버린 풀잎조차
하얗게 부활시킨 준엄한 배려
여명에 빛나다

태양이 뜨면 미련 없이 사라졌다
어둠의 별빛 따라
사뿐히 내려앉는 새벽 서릿발

이별의 눈물이 없어서 좋다

그랜드캐니언 대평원

은하에서 튕겨 나온 별 하나
수억 년 사춘기 가슴앓이로
좁고 길게 찢어진 가슴
칼바람이 깎고 빗물이 후벼 판
광활한 계곡의 호수 멍들어 시퍼렇다

하늘에서 백마가 태양 뚫고 날아와
힘찬 울음으로 앞발을 내딛자
마침내 열린 대평원

어느 날 홀연히 나는 여기에 서다

아나콘다처럼 굵게 휘어진 강은
바다보다 넓은 호수로 침묵하고
지평선이 그어 놓은 원 안의
야트막한 산들은 듬성듬성 아득하다
구름 한 점 없이 바람과 별빛만이 허락된 곳
살아 숨 쉬는 것들은 모두 있어도 없는 허공

검바위에 올라

두 팔 한껏 벌려 하늘을 품어 봐도
불끈 쥔 두 주먹 하릴없이 내질러 봐도
한없이 오그라드는 나

돌멩이 하나 주워 지평선 향해
힘차게 뿌리고 만다

때로는 잉어처럼

깊은 강 속에서 내다본
바깥세상은 어떨까
때로는 잉어처럼 살고플 때가 있다
턱밑 긴 수염을 끌고
물돌의 이끼를 흡입하다
외진 보금자리 그곳에서
뻐끔거리며 온종일 강물을 마셔
아가미를 씻고 있는
수백 년의 나날들

붉은 석양이 깔리면
온몸으로 솟구쳐 슬쩍
서산에 걸린 태양 엿보다가
은비늘에 담긴 빛 조각
물결에 실어
수평선 너머 띄우고 싶은 마음

나는 보고 싶다 그리고 되고 싶다

〉
저편에서 이편을 안에서 밖을
뒤에서 앞을 서로 보며

로댕의 여인

천재가 천재를 만나 튀긴 불꽃

다가갈 수 없어
한껏 멀리 열정의 원반을 던져놓고
외롭게 요절한 여인

발가벗은 몸에서 알알이 박혀
꿈틀거리는 안타까운 핏빛 사랑

죽어서도 비상하는 철鐵새 되어
곁을 맴돌다
팔다리가 잘리고 목마저 사라진 채
외발로 심장을 떠받들고 있다

눈물의 회한悔恨에
로댕*은 쇳덩이에
이렇게 새겨 놓았다
아픈 사랑을

   * 19세기 프랑스의 조각가, 근대 조각의 시조

항상성*恒常性

먹구름 뚫고 퍼부은 소나기가
폭포에 실려 흐르고 흘러
수평水平으로 맞닿은 흰 구름 조각

알알이 어스름에 점을 찍는 싸락눈
지평地坪을 향한 나의 갈증이
해소될 수 있다면

밤새워 쪼리라

  * 생체가 여러 가지 환경 변화에 대응해 안정 상태를 유
    지하려는 성질

뒤집어본 석양

핏줄처럼 얽힌 정자나무 설킨 뿌리가
신선한 수혈을 갈구渴求하고 있다
몇 포기 풀이 듬성듬성 돋아났지만
빈약한 먼 산은 여전히 얕고 검다
암흑의 하늘 아래 불그스레 물든
사막의 충혈 한가운데
천진한 아이가 일깨워준 노른자 태양
또렷이 익어가고
어둠은 점점 짙어지는데
바람의 언덕에서 누군가
노을을 서성이고 있다

아카시아 향기

흐르고 뒹굴어 여기까지
청룡과 백호가 엄호하는 혈血 앞
가지런한 안산案山 아래
낙동강이 흐른다

야트막한 고개 너머
진료실 문을 연
아카시아 향기 물씬한 바람
하얀 미소 청아한 목소리에
덥석 잡은 손
딱딱해서 뭉툭한 의외의 느낌을
타고 흐르는 따스한 피
아픔을 감추고

낙엽처럼 떨어져 간 손가락은
흙이 되어 아카시아 꽃잎으로
하늘로 피어오르고
울 밑의 붉은 장미
나직이 고개 숙인다

매몰에서 몰입으로

온종일 컴퓨터에 꽂힌 눈
버티다 못한 경추頸椎의 반란에
머리는 깨어지고
젖 먹던 힘까지 짜내도
풀리지 않는 일상에
막힌 피부의 가려운 절규

마침내 침투한 바이러스에
흐르는 콧물 타오르는 기침
으스스 떨리는 나뭇잎
달아오르는 얼굴 푸석한 눈의 초점이
흐릿해질 무렵

서서히 무너지는 방어선
성이 함락되기 전에
여인이여 그대여

매몰된 오늘을 박차고 나와
관조觀照의 고개 들어
오직 하나
몰입의 희열을 맛보자

3
낙타의 눈물

세상世上

텃밭 구석 옹기종기 매달린 토마토 방울
발그스름 물든 이마에서
생명의 환희를 본다

무화과 손끝에 앉은 갈색 나비
살며시 두 날개 접었다 폈다
엄숙한 숨 고르기가
도약의 낌새를 알린다

신천의 깊숙한 복강을 파고드는 잉어 떼
큰 입 열고 쉼 없는 아가미질
온몸으로 급물살 뚫고 가는 삶의 처절함

내리꽂는 폭포 아래 하얗게 끓는 거품
되돌릴 수 없는 흐름의 저항인가
숨 가쁜 비명인가
긴 꼬리에 물린 희미한 아쉬움

돌아가는 산책길
아스팔트 위를 허우적거리는

호랑나비 비틀거림에
흙의 부름을 듣는다

골다공증 극복

동백의 아름다움은
반짝 붉음이고
그녀의 해맑은 얼굴은
한동안 가슴을 울리지만
마음 비운 그대의 참 영혼은
뇌리에 박혀 있네

성긴 그물처럼 뼈가 숭숭 뚫린 채로
서서히 빠지고 허물어지는 너와 나

애초에 날아오르기 위해
뼈를 비운 새가 될 수 없다면
아득한 그곳에서
태양 빛에 죽지 않는
낮달로 머물다가

어느 날 붉은 잎 떨구고 온몸 비워
찬 눈 덮은 동면冬眠으로
이듬해 꽃 피우는 설산에서 터득하리

과잉보호

어미가 둘러싼 가시밭에 위리안치圍籬安置되어
파상풍 독 묻은 창칼로 아비를 경계 세워
뭇사람의 접근을 막고 그럴듯한 성자의 모습으로
면류관을 쓰고 있는 탱자 시월이 되면
누렇게 뜬 얼굴로 자유낙하를 기다리고 있다
극심한 빈혈로 약효라면 그저 가려운 곳 긁어
더부룩한 속 다스릴 뿐 유자처럼 감미롭지도
레몬처럼 상큼하지도 않는 시큼한 너를
그 누가 굳이 피 흘려가며 탐하겠는가

임서기*의 호수

발바닥에 칼날을 달고 그 아이는
쌩하고 돌 얼음판을 스쳐 갔다

그 여름에 바람이 된 유년의 단짝
마른 가지 흔들고
소년의 동그란 어깨를 지워버린
나룻배의 부재가 아쉬운
커피 향 자욱한 창가

수억의 봄을 삼킨 시간의 손목을
아무리 비틀어도
그들의 이별은 되돌릴 수 없는 것
살얼음에 물갈퀴 묶인 오리
가지런히 바라보는 봄의 눈빛 아래
노랑 부리에 어리는 그리움

허전한 정수리를 채우려
나그네는 임서기의 못에서

신열을 앓고 있다

 * 힌두교의 4단계 가르침 중 세 번째 은퇴 후 명상 수련
   하는 시기

참사랑 팥꽃

말똥말똥했던 간밤에 이끌린
찻집을 짙게 흐르는 원두커피
페루 케냐 과테말라 에티오피아를
맴도는 달콤쌉싸래한 여운

온몸을 짓뭉개 뜨겁게 걸러진 심장

달달한 커피가 풋사랑이었다면
고수의 블랙은 그윽한 참사랑이리라

우연스레 눈길 간 창가
붉은 꽃 피워올린 양란 사이에
가녀린 목 내민 넝쿨
심장 이파리 아래 숨어
수줍은 듯 고개 숙인 창백한 연두 팥꽃

허공을 튕겨 나간 붉은 팥알 하나가
기적처럼 안착한 난초 속 꽃봉오리

처절한 생명의 외침에

마냥 허물어지는 나

고수의 사랑이 이어 놓은 인연에
괜스레 울컥해지고

웃지 않는 여인

말 없는 그녀 어둡고 가냘프다
눈매 끝에 맺힌 달빛
주렁주렁 의문부호 매달고
쉽사리 다가갈 수 없는 정서
의외로 차분하다

어느 날 어렵사리 하는 말
또렷하다
열여덟에 낳은 아들 하나가 열네 살

햇살에 비친 여윈 손목 핏줄
새파랗다

밤하늘에 새긴 별들의 곡절曲折
알아서 무엇하리
건드릴수록 덧나는 생인손*

두어라
작은 새 구름 뚫고 솟을 때까지

〉
때 이르게 핀 여름밤 코스모스
가을 햇살 깊숙이 감추고 있다

　* 생손앓이. 손톱 주위 피부 손상으로 인해 세균 감염으
　　로 염증이 생긴 것

웃지 않는 여인·2

늪 속에 두 다리가 깊숙이 빠져있다
허우적거릴수록 내려앉는 하늘
이즈음
축 처진 영혼을 솎아내어
정화수에 띄우고 조망眺望한다면
이미 잉태되고 있는 구원의 빛

은둔의 이불 속에
얼굴을 묻고 있는 그녀의
홀연히 치켜든 가녀린 팔목에서
슬프게 반짝이는 자수정

비록 새벽녘 외진 골목에서
망설이고 있지만
가슴에 품은 작은 새 하나
푸른 날개 쉼 없이
파닥이고 있다

언젠가는 날아오를 여명의 팔찌

주왕산 사과

노랗고 붉은 단풍 속에
알알이 박힌 빨간 구슬

어둠의 찬 이슬로 덮여도
바람이 어르고 햇살이 달래어
싸늘한 폭포수에 씻겨
얼굴이 더욱 또렷해졌다

햇살에 반짝이는 너를
꼭 껴안고 싶어
꽉 깨무니
한입 가득 번지는
생명의 환희

아픔 감춘 딱딱한 속살은
그의 성숙한 보람이었고
진한 향기는 은은한 감동으로
텅 빈 계곡을 울리고 있네

돌할매 꽃

싸늘한 등산복 호주머니 동전 한 닢
만지작거리는 강섶의 진달래꽃 몇 송이
계절을 착각한 죄
초겨울의 서리에 시들어 가고 있다

망각과 착각 사이에서
머리를 흔들며
머나먼 뇌리 깊숙한 뿌리 끝에서
마주한 돌할매의 봄꽃

바늘 하나 구하러 검은 가죽 걸치고
평생을 갈고 있는
구석기 시대 그 할매

석이버섯 달라붙은 절벽 바위 틈새
붉디붉은 할미꽃으로
가녀린 목 빼고 고개 숙여
깊고 긴 강을 굽어보고 있다

말라버린 눈물

눈이 따갑고 시려
맨날 눈만 바라보는 그를 만났다

말라버린 눈물샘
멍하니 바라보는 습관은
이미 깜박이던 젊음은 아니다

얼마나 많은 나날을
울컥이며 삼켰으면
샘물마저 말라버렸을까

이제 터벅터벅
억지 눈물 흘리고
걸어가는 길
가슴골이 깊어져
뜨거워지는 눈시울과
마른 눈물 사이에서
슬픔은 갈 곳을 잃고

당직 날

오늘이 그날이다
텅 빈 어둠 속 한 모퉁이
불빛에 구금되어
이리저리 기웃거리다가
지친 하루를 누이니
맹숭맹숭 잠은 오지 않고

비몽사몽간에 울린 벨 소리
놀란 가슴은 방망이질치고
본능적으로 가늠한 시간
축시丑時라
검은 사자가 임무를 시작할 무렵

하얀 병실은 숨이 가파른데
마음을 달래고
창백한 육신을 다독거려
그를 멀리 배웅하고 돌아오는 길
정수리에 맴도는 낙엽 한 잎

〉
알 수 없는 내 팔자
세긴 센 건가

자가 격리

햇반 데우고 라면 끓여
종량제 봉투는 자꾸만 배가 부르고
어설픈 손빨래로 마음 씻는 일상

육신은 구금되었지만
생각은 더욱 깊어지고
바보상자는 홀로 돌고 있는데
멍하니 허공을 떠다니다가
손톱을 깎다

눈웃음치며 손톱 깎아주던
요양병원에 격리된 그 할매
고향에 목말라하던 그날
새벽 잠결에 들려오는 소리
똑딱똑딱
유년의 고향 햇살 선잠 속에서
손톱 깎아주던 어머니의 환청에
소리 없이 다가가다
엉치뼈가 으스러져 영영
돌아오지 못한 그녀

〉
지금은 고향 산머리에 닿아 있을까
씁쓰레한 미소 구름 너머 띄운 채

대장바위*(엘카피탄)

수천 년을 직립한
세콰이어 거목 가지 하늘을 덮었다
발치에서 피워올린 눈안개 낮게 흐르고
펑 터진 눈사태에 놀란 파랑새
몸부림치며 날아오르다

검은 숲을 아우르는 거대한 바위산
보라별 가슴팍에 박힌 옹이
자벌레 끈기로 이어지는 수직 벽에
서서히 겹쳐지는 인디언 추장 얼굴
시뻘겋게 핏발 선 눈으로 달려드는 불곰
그의 관자놀이에 불끈 치솟는 불기둥
깊게 팬 분노의 눈빛

눈 덮인 요세미티
아픔을 깊게 새긴 바위는 침묵하고
혼신의 울부짖음도 콧날 침략자도 사라진
눈물 젖은 폭포의 옆구리에
슬픈 무지개만 아련히 떠 있다

* 미국 캘리포니아 요세미티 국립공원 안에 있는 바위산

낙타의 눈물

태양의 등짐을 지고 목이 타는
초원의 낙타는 새끼에게
젖을 물리지 아니한다

안타까운 유목의 아들
그 아버지의 아버지의 아버지가 하던 대로
두 눈 지그시 감고
마두금*馬頭琴의 현을 켠다
암수 말총들이 비벼대는 애절한 가락에
녹아있는 어미 찾는 새끼의 울부짖음

어느덧 낙타의 검은 눈엔
모성의 뜨거운 눈물이 흐르고
마침내 어미 잃은 새끼에게
허락되는 수유授乳

수만 년 전 어둠의 현자賢者에게
계시啓示된 몽골의 생명 법은
슬픈 전설 속에서 파릇이 돋아나고

 * 몽골의 찰현악기, 머리 부분에 말머리가 장식되어 있다.

중화* 中和

검은 베레모 쓴 나에게
그린베레 소령 군의관이 던진 말
"헤이 닥터 김
넘버 원 이즈 넘버 텐
넘버 텐 이즈 넘버 원"
아리송한 의미가 아직도
그의 미소와 함께 뇌리를
맴돌던 어느 날
우연히 보았다
깊은 산 사내의 어스름 달빛 아래
별을 세는 바로 옆
충견忠犬의 가늘게 흔들리는 꼬리 끝에
어렴풋이 걸려있는
빛바랜 중화를

  * 서로 다른 성질을 가진 것이 각각의 성질을 잃거나 그
    중간의 성질을 띠게 되는 상태

4
영원한 단풍으로 남다

설산雪山

꽃은 가파르게 피어오르고

해마다 서서히 하강하는 단풍

영겁永劫의 침묵으로

용암의 뿌리가 뜨겁게 타오를수록

차갑게 조여드는 빙하 꼭대기

검독수리 하나 빙빙 돈다

모정·4

잡초라 부르지 마라
솎아내려 하지도 마라
잔디밭 모서리를 억척스레 파고들어
우산이 되고 그늘이 되고 죽어서도
하얀 꽃은 나비 되어 날아오르고
네 쪽 이파리에 희망 매달아
파란 잔디에 얼룩진 클로버의 헌신

생인손을 가슴에 묻고
하늘 향해 두 손 모은 평생의 속앓이

검은 진주 되어
바닷속 깊숙이 반짝이는
눈물 어린 사랑

뇌성마비

이른 아침 햇살 따라온 그
뒤틀린 나뭇가지 가시에 실린 목소리
자꾸만 꼬이고 깨어진다

천근 허리를 파고드는 긴 주삿바늘
어느덧 펴진 주름살 위로
사랑은 오붓하고
새가 날아오르고 아픈 깃털 몇 잎
꽃잎처럼 떨어진다

검게 고개 숙여 도열한 고목들
두 손 치켜들고 하얗게 환호하는
저쪽 플라타너스 길 사이

등 뒤에 내일의 태양을 매달고
질주하는 그의 전동차 길은
올곧은 직선이다

텅 빈 울음

재능과 끼를 쏟아버리고
바람에 뒹굴어
가슴을 휘몰아쳐 나오는
속 뚫린 울음

우우우 윙 윙 윙
기쁨도 슬픔도 무너지는 흐느낌도
감히 흉내 낼 수 없는
외구멍에서 뿜어내는 숨결

비탈을 뒹굴수록
중심으로 쏠리는 걱정

기슭에 당도하여
겨우 진정되는 눈물

바람이 울고 있다

바람의 언덕에서

고사목 휘감아 생명 꽃 피운 능소화
갈색 미소 머금어 해를 맞이하고
더러는 고개 숙여 달맞이꽃
다소곳이 달을 기다리고 있다

돌 향기 하늘을 날아오르는 여기
찬 이슬 푸른 이끼 덮고 있다

배고픈 새 허공을 헤집어
뭉게구름 피어오르는 사이
흐르는 바람에 무화과 육손 잎사귀
가늘게 흔들리는 창가

모두가 유월에 푸르게 파묻혀도
무화과는 익어가는데

지난가을 사라져간 맨드라미
돌을 뚫고 다시 붉다

해마다 피어나는 연보라

무궁화꽃 문을 열고 손 흔드는 마을

오늘도 굽어보는 삶의 언덕

금빛 도약

신천의 잉어가 튀어 오른다
잠시나마 사력을 다한 수중 탈출은
그저 세상이 그립거나
궁금해서는 아닐 터

공허를 벗어나려
허공을 갈구渴求하는 금빛 도약

우리의 염원이 쏘아 올린 샛별과
온몸으로 솟구친 잉어의 꿈은
한 점에 닿아 반짝이지만

서리처럼
뽀얗게 번지는 별 아침의 노래
점점 멀어지고

슬픔에 매달린 필연의 낙하

파고드는 수면 착지에
오뉴월이 첨벙거린다

삼월의 바람

빈 가지를 흔드는 삼월의 매운바람
움튼 가지 문질러 새순 몰아오고
진한 꽃향기 재촉하고 있다

삼월에 떠밀린 신천의 유빙
물돌을 휘감고 떠돌다 바다가 되면
만날 수 있을까 꿈결의 어머니

엄마의 바다에서 불어오는 바람
수없이 얼리고 녹아내린 거기
뽀얀 젖 물려
노르스름하게 익어가는 황태

흙먼지 흩날리는 여기
세상의 어둠을 벌겋게 달궈
평생을 두들겨 벼려진 칼날
피 한 톨 흘리지 않고
눈먼 대장장이의 마음을
하얗게 깎고 있다

무화과 가지 끝에서

뾰족한 철탑에 모인 일념一念은
청색 밤하늘에 미치고
날렵한 메스가 피를 갈라
탄생의 울음은 수술대 위에서 가파르다
하얀 병실에는 새 달력이 걸리고

산과 바다에서 두 손 모은 우리가
태양과 하나 될 때 별빛 젖은
사막의 선인장은 빨갛게 피어난다

남해 외딴섬 바위 속 암자
수백 년 이어온 뇌리에서
펄럭이는 초의선사*의 가사 장삼
은빛 파도가 붉게 물들 때
추사**의 힘찬 획 너머
뜨겁게 타오르는 청룡의 해

찬바람 스미는 고갯마루
혹한을 견디는 무화과 봉긋한 가지 끝
유리벽 사이에서 설레는 시심詩心과

마주하고 있다

 * 조선 후기의 대선사로서 우리나라 다도를 정립한 분
 ** 김정희 조선 후기의 서화가, 문신, 문인

파란 욕망

베토벤의 열정과 모차르트의 감미로운 선율에
호주머니 속에 넣어둔 아침이
차가운 창가에서 난초꽃을 피우다

뻥 뚫린 산마루 하늘은
구름 한 점 없는 파랑이다
한겨울의 쪽빛 가을
황금박쥐를 동굴로 유폐시키고
새 하나조차 허용치 않는 파랑

신을 만난 마음은
파랑 나비 되어 표류한다

호수 깊은 데서 울긋불긋 타오르는 잎사귀
낙엽 흩날리는 언덕을 지나 흰 술에 젖어
어느 여인의 마음 기슭을 기웃거리다가
외진 포구 모퉁이에서
파도에 실려 끊임없이 두드린다 내일을

영원한 단풍으로 남다

두터움과 날카로움으로 일궈낸
우주의 조화를 손바닥에 그리며
따뜻한 미소로 천재 셋을 가슴에 품고
학처럼 바람처럼 바둑을 사랑한 스승

엄마 손잡고 실에 매인 앞니를
지붕 위에 던지며 까치에게
희망을 부탁하던 그때

아직도 귓전을 맴도는 달그락 소리에
느릿느릿 붉은 등을 향해 돌진하는
노파의 무모함을 뒤로하고

목구멍을 닫고 나를 철저히 유폐시켜
어느 날 홀연히 옷깃을 여미고
핏빛 단풍이 되었다

오고 가는 바람 속에서

휴대폰을 떠도는 부고訃告와
날마다 교차되는 지인의 혼사婚事

소멸의 긴 그림자를 밟고
이미 잉태된 생명의 강

뙤약볕 바다의 붉은 접점에서
힘차게 솟구쳐 검푸른 바다가 되면

구름 속의 해는 빛을 잃어가고
썰물의 달빛 아래 텅 빈 갯벌은
또다시 다가올 충만을 기다린다

오고 가는 바람 속에서
끝없이 이어지는 배턴 패스*

오늘도 어디선가
나팔꽃 환하게 피었다가
어둠에 지고
샛강의 마른 갈대 사이를

서성이는 일월日月

* 릴레이 경주의 주자가 배턴을 주고받는 것

치유

수십 년을 옭아맨 부스럼

산굽이 휘돌아 마주한 현자賢者의 묘약

슬쩍 문질러 멈춘 궂은 장마

말끔해진 하늘 아래

두어 사람 목맨 산꼭대기

고목은 여전히 침묵하고

피맺힌 갈망과 파란 믿음 속

그는 이제 자유롭다

소쩍새 울음 젖어 드는 고갯마루

새 병아리 어미 찾아 파닥이는 풀숲

무궁화꽃 하나둘 지고 있다

겨울 장미

눈 덮인 긴자銀座거리를
어슬렁거리던 이상李霜이
쿨럭쿨럭 토해낸 객혈 몇 점
술에 젖어 비틀거리고

찬바람 몰려오는 언덕바지
매일 밤 홀로
천재의 광기狂氣를 기다리는
제비 여인의
붉게 타오르는 입술 가장자리에는
싸늘한 달빛만 글썽글썽

권총 찬 사내

수만 볼트 전류를 관통시키고도
소생한 기적의 이등병

찌그러진 한쪽 폐를 품고 처진 어깨너머
빛나는 재단사로 거듭나다

한때 기름칠한 중앙 가르마는
아직도 활보하던 거리에서 반짝이고

뻥 뚫린 가슴이 재단한 나무 새총
옆구리에 걸치고 펴진 어깨로
호탕하게 웃고 있다

아내를 먼저 보낸 외로움이
시간의 주름 위로 흘러내리고
천식 발작에 숨이 가쁘지만
그는 유쾌하다

총구에서 뿜어내는 쉼 없는 말
비록 어지럽지만

아픈 피를 흘리지 않는다

산소통이 파란 입술을 대신해도
멀지 않아 다가올 하늘의 부름에도
그저 엷게 미소 짓는다

안 보이면 무척 궁금해지는 사람

보라 꽃

지난가을 노익장이 심은 씨앗
희망의 싹을 외면한
요양원 뜰의 봄은 길었다

어쩌다 마주친 신천들의 보라 향연
시야를 꽉 채운 맥문동 꽃대
칼날 잎을 뚫고 꼿꼿이 기립하였다

망각의 늪에서 소생한 보라 꽃
누가 무지개의 끝자락을 끌어내려
이렇게 흥건하게 풀어 놓았나
작은 별들이 뿜어내는 향기 속을
사뿐히 걸어 나오는 보라 여인의
가늘고 긴 치맛자락
끝없이 펼쳐지는데

그리움이 묻어나는 보라 들판에서
나 홀로 먼 산 보고 가슴 졸이네

해설

일상과 초월의 몽상적 넘나듦

신상조 | 문학평론가

 아놀드에게 시는 '본질적인 면에서 인생의 비평'이다. 이와 달리 언어는 존재의 집이라고 했던 하이데거에게 시는 '언어의 건축'이다. E.A. 포는 '시란 미美의 운율적 창조'라고 했는데, 단지 그 자체를 위해 쓰이는 게 시라는 말도 덧붙였다. 포처럼 시를 미로 인식하는 나보코프는 그것을 '아름다움과 연민'이라 일컫는다. 누군가에게는 사무사思無邪이거나 지인정성持人精性인 시. 정답이 존재하지 않는 세상의 많은 질문이 그러하듯, 저마다의 답을 가진 시 역시 논하면 논할수록 출발했던 원래의 자리로 다시 돌아온다.
 일생을 의료계에서 종사한 산부인과 전문의이자 시인인 이의 시집을 놓고 새삼스레 시의 정의를 짚어보는 이유란, 순전히 의사와 시인이 이질적이라는 선입견 때문이다. 그러나 이러한 이분법적 발상은 사람의 성격을 혈액형으로 구분하는 만큼이나 어리석은 노릇이다. '모든 노년은 한때 시를 썼던 청년들로, 시인이란 청년의 마음을 그대로 간직한 나이 먹은 청년일 뿐이다'란 말은 인간 내면에 보편적으로 잠재하는 시적 욕구를 대변한다. 일찍이 비평가 김현은 "삶 자체에 쫓기는 동물과 달리 인간은 유용하지 않은 것처럼 보이는 것들을 꿈꿀 수 있다. 인간만이 몽상 속에 잠겨 들 수가 있다. 인간의 몽상은 인간이 실제로 살고 있는 삶이 얼마나 억압된 삶인가를 극명하게 보여준다. 불가능한 꿈이 아름다울수록, 아름다울수록, 삶은 비천하고 추하다."라고 역설한 바 있다. 그렇다면 이 시집은 유용함을 업으로 삼은 이의 무용한 꿈의 결과물인 걸까? 문학은 인간의 삶을 풍요롭고 가치 있게 해주며, 삶의 방향을 제시해준다. 인간은 때로 문학이라는 유용함으로 생의 무용함을 슬기롭게 극복한다.

1. 삶과 죽음

다른 이들은 그냥 지나치는데 멈춰서서 한참을 머무르는 사람. 늘 보았지만 우리가 놓친 것들이 김성수 시인에게는 시의 자양분이 되어 평범한 일상이 평범하지 않은 언어로 표현된다. 그는 화병에 꽂힌 풀과 같은 작고 사소한 사물을 유심히 들여다보려 고개를 숙이고, 동네 어귀에 서 있는 익숙한 정자나무 앞에서 문득

걸음을 멈추는 사람이다. "우연히 눈길이 간/ 화병의 풀 몇 조각" 앞에서 "서서히 둥글어"(「풀이 화병에 꽂히다」)지는 법을 배우거나, "우연스레 눈길 간 창가"에 핀 "창백한 연두 팥꽃"으로부터 "허공을 튕겨 나간 붉은 팥알 하나가/ 기적처럼 안착한" 그 "참사랑"(「참사랑 팥꽃」)의 과정을 교훈으로 깨닫기도 한다.

 김성수의 시는 일상의 보편적 경험에서 출발하여 인간 존재와 내면세계에 대한 깊은 성찰로 나아가는 문학이다. 세상을 늘 새롭게 보거나 상상하고, 그러한 대상들에 의미를 부여하는 시인의 시는 대략 세 가지 주제로 구분된다. '삶과 죽음', '일상에서의 초월', '부재와 상실'이 그것이다. 섬세하고 감각적인 언어, 깊은 시적 사유와 예리한 감성을 바탕으로 하는 그의 시세계가 일차적으로 '삶과 죽음'이라는 주제를 지나칠 수 없음은 시인의 직업이 의사라는 데서 오는 필연적 결과일 터이다.

 "휴대폰을 떠도는 부고訃告와/ 날마다 교차되는 지인의 혼사婚事"(「오고 가는 바람 속에서」)는 범상한 우리네 일상이기도 하지만, 타인의 죽음이 시인에게만큼은 유독 잦고 유별하다. "날렵한 메스가 피를 갈라/ 탄생의 울음은 수술대 위에서 가파르다"라며 새 생명의 탄생을 "설레는 시심詩心"(「무화과 가지 끝에서」)으로 노래하는 만큼, 그는 생명의 소멸을 불가피하게 지켜

볼 수밖에 없는 사람이다. 이는 환자의 죽음을 통한 의사로서의 비애가 목격되는 「당직 날」과 「자가 격리」로 확인된다.

> 비몽사몽간에 울린 벨 소리
> 놀란 가슴은 방망이질치고
> 본능적으로 가늠한 시간
> 축시丑時라
> 검은 사자가 임무를 시작할 무렵
>
> 하얀 병실은 숨이 가쁜데
> 마음을 달래고
> 창백한 육신을 다독거려
> 그를 멀리 배웅하고 돌아오는 길
> 정수리에 맴도는 낙엽 한 잎
>
> ―「당직 날」 부분

> 햇반 데우고 라면 끓여
> 종량제 봉투는 자꾸만 배가 부르고
> 어설픈 손빨래로 마음 씻는 일상
>
> 육신은 구금되었지만
> 생각은 더욱 깊어지고
> 바보상자는 홀로 돌고 있는데
> 멍하니 허공을 떠다니다가
> 손톱을 깎다

  눈웃음치며 손톱 깎아주던
  요양병원에 격리된 그 할매
  고향에 목말라하던 그날
  새벽 잠결에 들려오는 소리
  똑딱똑딱
  유년의 고향 햇살 선잠 속에서
  손톱 깎아주던 어머니의 환청에
  소리 없이 다가가다
  엉치뼈가 으스러져 영영
  돌아오지 못한 그녀

  지금은 고향 산머리에 닿아 있을까
  씁쓰레한 미소 구름 너머 띄운 채
           -「자가 격리」부분

 「당직 날」은 환자의 임종을 지킨 사연을 그리고 있다. 비상벨 소리에 놀라 가슴이 "방망이질"쳤다는 데서 의료계에 종사하는 이들의 고통이 손에 잡힐 듯 느껴진다. 의사가 직업인 이들이라면 이 같은 상황을 기계적으로 대할 거라는 건 아마도 우리의 착각인 듯싶다. 비몽사몽간의 시인은 "축시丑時라/ 검은 사자가 임무를 시작할 무렵"이라고 본능적으로 시간을 가늠한다. 중환자들이 세상을 버리는 시간이 대부분 이때쯤인 모양이다. "하얀 병실은 숨이 가파른데"라는 건 환자의 숨이 가쁨을 표현하는 동시에 그가 이승의 언덕을 넘어 다른 세상으로 힘겹게 넘어가는 중임을 가리킨다.

의사로서 환자의 임종을 지켜보다 사망을 확인하는 과정을 두고 시인은 (환자의)"마음을 달래고/ 창백한 육신을 다독거려/ 그를 멀리 배웅하"는 일이라고 표현한다. 사람이 세상을 하직하는 순간에 가장 마지막까지 함께하는 이가 의사라는 사실은 새삼 시인의 직업이 가진 숭고함을 깨닫게 만든다.

  돌아오는 길, 시인의 "정수리에 맴도는 낙엽 한 잎"의 원관념은 그가 방금 사망 선고를 내린 환자다. 문학은 흔히 죽은 이의 보조관념으로 떨어진 나뭇잎을 불러오곤 했다. 이른 나이에 세상을 뜬 누이를 위해 향가('제망매가')를 지어 불렀던 신라의 월명사나 수다한 현대의 시인들이 그러했다. 나아가 이 시에서의 "낙엽 한 잎"은 기계적으로 사망을 확인하고 잊어버리는 냉정함이 아닌, 업무가 끝난 이후에도 죽은 이를 애도하는 시인의 마음을 은유한다. 익숙함이라는 때가 묻지 않은 마음이다.

  「자가 격리」는 코로나로 자가 격리 중이던 시인이 손톱을 깎다가 "요양병원에 격리"되었다 사망한 "그 할매"를 추억하는 작품이다. 손톱을 깎는 행위는 시인이 할매를 환기하는 매개의 역할을 하는 동시에 좋은 추억과 나쁜 기억을 한꺼번에 불러온다. 언젠가 할매는 시인의 손톱을 깎아준 적이 있다. 시인을 미소 짓게 만드는 추억이다. 그러나 할매가 "엉치뼈가 으스러져 영영" 돌아오지 못할 강을 건넌 건 "유년의 고향 햇살 선잠 속에서/ 손톱 깎아주던 어머니의 환청"이 빚어낸 비극 탓이다. 할매의 죽음이 더욱 안타깝게 여겨지는 이유다. 할매가 "지금은 고향 산머리에 닿아 있을까"를 궁금해함은 근원적인 상실을 떠올리는 일이다. 시인은 떠나온 고향을 그리워한 '할매'를 이야기하고 있지만, 우리들의 삶 역시 이와 다르지 않음을 말해준다. 본향을 떠나온 인간은 이 세상을 떠돌다 가는 나그네들이다. 우리의 의사와 상관없이 왔다가 가는 나그네로서의 운명은 삶이 근원적으로 부조리함을 알려준다. 이러한 나그네의 삶에서 또한 우리가 피할 수 없는 고통이 질병과 죽음이다. 시인은 질병과 죽음이란 고통과 직접적으로 맞대면한 자다. 김성수의 시는 그들에 대한 연민을 통해 고통을 감내하면서, 시로써 비명을 대신한다.

2. 일상에서의 초월

일상의 구체적 경험에 주목하는 한편, 김성수의 시에는 관념의 형상화라고 할 만한 거대한 스케일의 이미지가 자주 등장한다. "수천 년을 직립한/ 세콰이어 거목 가지 하늘을 덮"은 "눈 덮인 요세미티"(「대장바위(엘카피탄)」)가 웅장함을 자랑하는 현실적 공간이

라면, "하늘에서 백마가 태양 뚫고 날아와/ 힘찬 울음으로 앞발을 내딛자/ 마침내 열린 대평원"은 육사의 시 「광야」에서 영감을 얻은 시인이 "은하에서 튕겨 나온 별 하나"가 "그랜드캐니언 대평원"(「서릿발」)으로 변모하는 과정을 우주적 상상력으로써 그려낸 관념적 공간이다.

거대한 스케일의 이미지는 '일상에서의 초월'이라는 주제와 흔히 접목한다. 예컨대 "동네 어귀 정자나무" 앞에서 "나는 우두커니 서 있다"라는 화자가 일상적 사물에서 사유를 출발한다면, "산 자와 죽은 자의 얼굴이 뒤섞이고// 시간도 공간도 선과 악이 없는/ 흔들리는 모서리"라 일컬어지는 "무의식의 심연"(「예지몽豫知夢」)은 일상에서 비롯한 화자의 초월적 경험을 의미한다. 산 자와 죽은 자, 시간과 공간, 선과 악이 구분되지 않고 섞이는 "모서리"는 사라지고 흩어지는 현상 속에 영원히 이어지고 계승되는 유장함을 전체로서의 원이 아닌 모서리, 즉 일부에 해당하는 파편으로 간직하고 있다.

이처럼 시인은 과학이 보여주거나 증명할 수 없는 세계의 측면을 찰나적으로 엿보는 정신의 소유자다. 그가 '무의식의 심연'이라고 표현한 것은 사물의 덧없는 변전과 우주적 상징이 마련하고 있는 의미의 영원성 사이에 놓여 있는 심연을 체감하는 인간 정신의 내면적 힘이다.

같은 주제로 묶을 수 있는 시가 「빈 배를 느끼다」이다. 시집의 표제작이기도 한 이 시는 시작도 끝도 없는 심원한 세계, 안도 바깥도 없이 시공을 초월하며 감각되는 무한의 세계가 '빈 배'라는 상징물로 형상화된 작품이다.

> 바람이 시간과 무수한 충돌로 빚은 꽃
> 그 호수에 엷게 흔들리는 텅 빈 배
> 향기 없는 영원한 무채색
> 이름 없는 꽃으로 뜨다
>
> 돛대도 삿대도 없이
> 사공은 간데없고
> 달빛만 가득하다
>
> 잔잔한 물결을 밟으며
> 어쩌다 부딪쳐도
> 아무도 탓하지 않는다
>
> 눈 덮인 빈산에 시를 묻고
> 중천에 박힌 별 하나 끌어당겨
> 붉은 술 나누니 애끓는 바람 소리
> 오히려 정겨워
>
> 눈안개 헤치는 긴 꼬리 파랑새
> 파르르 날아올라 노을에 붉게 물든
> 이 가슴에 꽂히다
> ―「빈 배를 느끼다」 전문

시의 1연에서 드러나는 시간과 공간은 현실계를 초월한 상상적 시공간이다. "바람이 시간과 무수한 충돌로 빚은 꽃"의 원관념은 "호수"이고, 그 호수에서 "흔들리는 텅 빈 배"는 다시 "이름 없는 꽃"이라는 보조관념이 되어 호수 위에 떠 있다. 그런즉 시인의 상상 속에 존재하는 시적 배경을 배면으로 "사공"조차 "간데 없고/ 달빛만 가득" 태운 채 "돛대도 삿대도 없이" 흔들리고 있는 "빈 배"는, 무심無心과 무욕無慾을 실현하려는 시인의 이상적 자아를 대신하는 도교적 사물이다. '돛대'는 바람을 이용하기 위해 배 가운데 수직으로 선 기둥이고, '삿대'는 배를 밀고 나갈 때 사용하는 긴 막대다. 돛대도 삿대도 없는 배는 그야말로 사람의 욕망이나 힘을 내려놓은 무위자연無爲自然을 비유하는 것이다.

"잔잔한 물결" 위에서 무언가와 부딪치더라도 "아무도 탓하지 않는" '빈 배'는 속세를 떠나 아무 속박 없이 조용하고 편안한 삶을 살아가는 존재를 떠올리게 한다. 빈 배로 상징되는 화자의 절대적 무심은 시詩마저도 마침내 "눈 덮인 빈산에" 묻어버린다. "중천에 박힌 별 하나" 벗 삼아 "붉은 술 나누"는 모습에서 자연 친화적이고 도가적인 '청산별곡'풍의 초월적 태도가 얼비친다. "눈안개 헤치는 긴 꼬리 파랑새"가 "노을에 붉게 물든" 화자의 가슴에 날아올라 꽂히는 시의 결미는, 이와 같은 희망이 지속되거나 그 가능성이 잠재된 삶의 추상성이 구체화하는 장면이다. '빈 배를 느끼다'란 제목은 화자가 빈 배를 상상함을 넘어 빈 배와 일체─體를 이루었음을 함의한다. 결국 '빈 배'는 시인이 자기와 동일시하는 객관적 상관물로, 달빛만 가득 싣고서 흔들리는 물결에 유유히 몸을 맡긴 자족적 상징물이다.

3. 부재와 상실

김성수 시의 세 번째 주제는 '부재와 상실'이다. 시가 자연 사물과 접속하는 지점은 매우 다양할 터이지만, 김성수의 시에서 자연 사물은 주로 부재와 상실에 닿아 있다.

> 불타던 태양이 어둠으로 잉태한 반달
> 마음이 바다에 누우면
> 언제나 그 자리에 떠오르는
> 가녀린 긴 손가락 연분홍 손톱 반달
>
> 아픔이 찢어지고 슬픔이 무너져도
> 표정 없는 얼굴에 일렁이는 잔물결
> 외로움과 그리움이 마모된
> 벼랑 끝에서 오로지
> 바람으로 어디로 스민 것일까

멍하니 바라보는 구름 파고드는 새
산마루 넘나드는 아카시아 향에 취해
글썽이는 별빛으로 아득해진다

꽉 막힌 가슴은 애틋하고 먹먹한데
당신은 뜨거운 사막 하늘에
차디찬 반달로 떠 있네
-「연분홍 손톱 반달」전문

 시의 1연은 태양이 지고 어둠이 내린 시간적 배경을 이야기한다. 황혼이 지나고 밤이 오면 인간의 정서는 활동적이던 외향성에서 정적인 내향성으로 바뀐다. "마음이 바다에 누"웠다는 표현은 바쁘게 돌아가던 일상에서 벗어나 침잠하는 화자의 내면 상태를 표현하는 말이다. 문제는 이 내면적 주체가 '언제나 가녀린 긴 손가락 연분홍 손톱 반달'을 떠올린다는 사실이다. "외로움과 그리움이 마모"되었다는 표현은 "당신"에 대한 화자의 그리움과 그의 부재로 인한 외로움이 오랜 시간 지속된 상태임을 드러낸다. "아픔이 찢어지고 슬픔이 무너"진다거나, "꽉 막힌 가슴은 애틋하고 먹먹"하다는 표현 등은 자칫 과한 정서적 표출로 다가온다. 그만큼 이 시는 무던하게 힘을 뺀 상태로 시를 쓸 마음의 여유가 없는 화자의 정서적 몰입을 말해준다. "뜨거운 사막 하늘에/ 차디찬 반달로 떠"있는 당신은 그리움과 외로움의 격전 끝에 건져낸 몇 줄의 언어, 정서적으로 소진된 화자의 뼈 아픈 고백이다.

'멍하니 바라보는 구름', '파고드는 새', '산마루 넘나드는 아카시아', '글썽이는 별빛'은 화자가 바라보는 자연 사물, 즉 '당신'의 부재로 아파하는 시적 오브제의 나열이다. 이 모든 오브제는 자연 사물을 매개로 하는 시인의 시가 사랑과 상실의 길로 항상 열려 있음을 암시한다. 이를테면 「진달래 바위」는 진달래가 온 산을 붉게 물들인 봄이 화자에게는 오히려 부재와 상실의 아픔을 확인하게 만드는 계절임을 알려준다. 꽃의 향연은 "그리움이 뜨겁게 타오를수록/ 짙게 뿜어내는 객혈"에 불과하고, 꽃은 "외로움"으로 "텅 빈" 마음과 "그리움"으로 인한 "가슴앓이"를 천지사방 보여주는 사물이다. 시인에게 "크리스털" 화병에 꽂힌 "장미"는 "검붉은 외로움"(「풀이 화병에 꽂히다」)이다. 또한 '해바라기'는 "양수羊水 내음"을 늘 갈망하며 "향수鄕愁"에 시달리는 "언젠가 되돌아갈 언덕의 꽃"(「해바라기」)이다.

이처럼 김성수의 시에서 자연 사물 대다수는 정서적 수사를 거느림으로써 시인의 내면을 직접적으로 매개한다. 정서의 직접적 표출은 시인이 시상을 전개할 때 언어의 조탁 과정을 거치지 않고 바로 기술해버리는 행위에 근거한다. 그렇기에 더욱 "외로움과 그리움이 마모된/ 벼랑 끝"과 같은 표현으로 드러나는 정서는 문학적 수사가 아니라 시인의 진솔한 고백으로 들린다. 다음의 시에서 시인은 진료받으러 온 "여든 할매"의 눈빛에서 "뜬금없이 외롭다는" 마음을 읽어내고 있다. 그는 환자의 몸뿐 아니라 마음도 살필 줄 아는 따뜻한 의사다. 그리고 참으로 고독한 시인이다.

> 바람의 진료실에 당도한 여든 할매
> 뜬금없이 외롭다는 눈빛이 총총하다
>
> 어느 순간 시간 속에 던져진 알 수 없는 생명
> 아득한 시간이 흐르고 흘러 여기까지
>
> 가져도 아니어도 마찬가지
> 함께해도 홀로여도 여전한 외로움
>
> 열정이 식어가면서 서서히 피부로 느끼는
> 내면의 소리는 점점 또렷해지고
>
> 짙게 깔리는 어둠살에 박히는 금빛 노을
> 회상의 긴 강을 서성이는 하얀 그믐달
>
> 나는 힘없이 그녀의 여윈 손을 잡고
> 허공을 펄럭이는 새 한 마리 바라볼 뿐
> 뾰족한 처방을 내지 못한다
> ─「나도 그렇다」전문

1연 도입부의 저 "바람의 진료실"은 무엇을 의미하는 걸까? 시인이 의식했든 하지 않았든 이 시구는 여든이 될 때까지 "바람" 같은 세월을 살아온 "할매"의 허허로운 삶과 겹치면서 빈손으로 왔다가 빈손으로 가는 공空의 생을 통찰하게 만든다. 생이 부질없고 쓸쓸하다는 인식은 "가져도 아니어도 마찬가지/ 함께해도 홀로여도 여전한 외로움"이라는 3연에서 명확해진다. 무엇을 얼마나 소유했든, 누구와 어떻게 살아가든 "회상의 긴 강을 서성이는" 영혼은 가슴 한쪽에 견딜 수 없는 슬픔을 뛰는 맥박처럼 매달고 살아야 한다. 할매를 향한 화자의 공감과 연민의 다른 이름은 동병상련이라는 동질감이다. "아득한 시간이 흐르고 흘러 여기까지" 온 것으로 치자면 화자나 할매나 다르지 않기 때문이다. 그런즉 할매의 병을 치료하려 "뾰족한 처방을 내지 못"한다는 말은, 할매라는 시적 대상을 통해 화자인 '나'의 가슴에 박힌 뽑을 수 없는 슬픔의 못을 속수무책으로 바라본다는 뜻이다.
　타자의 아픔을 나의 아픔으로 환치해가는 김성수 시의 언어는 연민으로 지어진 집이다. 김성수의 시에서 부재와 상실이라는 주제는 타자를 연민하는 휴머니즘적 진정성으로 드러난다. 그리고 이 모두는 「꽃밭에서 나를 보다」에서 확인되듯, 시인이 삶의 의미를 찾아가는 과정에서 "솎아"낸 시, 그 시가 발하는 고고하면서도 은은한 문학적 향기이기도 하다.

밤새 두더지가 파놓은 땅굴 옆
달개비 이슬이 아침을 열다
햇살의 발아래 걸치는 채송화
땅을 흐르는 파란 나팔꽃
맨드라미 이마가 붉다
눈물마냥 넓은 토란잎에 고인 물방울
짠한 그리움을 소환하고
환한 접시꽃 건너편 백일홍과
붉게 화답하고 있다
횃대에 걸친 누런 씨받이 오이가
머리 숙여 밀어 올린 수세미 넝쿨
노란 꽃이 계단을 기어올라
여인의 창문을 기웃거린다

아스라이 떠오르는 그날의 꽃밭
붉고 푸른 꽃들이 해마다 피고 지고
강아지풀 하늘거리는 어디쯤
다소곳이 허리 굽은 향나무
아직도 그 향을 품고 있을까
아쉬워 그냥 둔 고사枯死목에
능소화 줄기 휘감고 있다

비 개인 어느 오후
말린 수세미로 마음을 씻고
능소화꽃 속에 새겨진 금별을
솎아내어 시를 쓰리라
　　　　　　－「꽃밭에서 나를 보다」 전문

　시에서 전면화하는 것은 "달개비 이슬이"이 열어가는 아침부터 "비 개인 어느 오후"까지의 풍경이지만,

시인의 회상을 통해 "아스라이 떠오르는 그날의 꽃밭"은 온전하고 정갈한 '시의 세계'라고 말할 수 있다. 사물과 사물들이 서로 "화답"하고, 겸손으로 허리를 굽힌 향나무가 "아직도 향을 품고" 있는 시의 터전. 부재와 상실로 인한 슬픔을 근원으로 하는 그의 시가 진실한 자아 성찰과 겸허한 자복의 태도를 살뜰히 내장함은 "말린 수세미로 마음을 씻고/ 능소화꽃 속에 새겨진 금별을/ 솎아내어 시를 쓰"려는 자세에서 비롯한다. 바꿔 말해 이것은 김성수 시에 내재한 성숙의 근거라 할 만하다.

  지금까지 살펴본 대로 김성수의 시는 거대한 스케일의 이미지를 통한 일상에서의 초월과 일상의 보편적 경험에서 출발하여 인간 존재와 내면세계에 대한 깊은 성찰로 나아가는 두 가지의 방향성을 갖는다. 이 중에서도 김성수의 시가 생의 근원적 외로움을 망각하거나 외면하지 않음은, 그의 시가 삶과 죽음의 아수라와는 무관한 공空의 세계, 즉 "빈 배를 느끼"며 살아가지만, 세속을 넘어서는 초연한 제스처와는 거리가 멂을 말해 준다. 이는 일상에서의 초월을 노래하는 김성수의 시가 인간적 결핍과 한계를 인식하지 못하는 함정을 피하게 만든다. 동시에, 시인이 마련한 시의 "꽃밭"에서 독자인 우리 역시 '나'를 확인할 수 있는 이유가 이것이라 하겠다.